Kelsen, Hans

TEORÍA PURA DEL DERECHO

CAPÍTULO 1   EL DERECHO Y LA JUSTICIA

El derecho y la naturaleza

1) ¿Qué es una teoría "pura" del derecho?

LA TEORÍA PURA DEL DERECHO ES UNA TEORÍA DEL DERECHO POSITIVO EN GENERAL, y no de un derecho particular; UNA TEORÍA GENERAL DEL DERECHO y no una interpretación de tal o cual orden jurídico, nacional o internacional. Una teoría acerca de qué es y cómo se forma el derecho, sin preguntarse como debería ser o como debería formarse. Es una ciencia del derecho, no una política jurídica.

2) Ciencias de la naturaleza y ciencias sociales. Causalidad e imputación

a) La naturaleza y la sociedad

La ciencia del derecho forma parte del grupo de ciencias que estudian la sociedad. Estas ciencias difieren de las de la naturaleza, pues la sociedad es una realidad totalmente distinta de la naturaleza. Por NATURALEZA se entiende un orden o sistema de elementos relacionados unos con otros por el principio de causalidad. La SOCIEDAD es un orden que regula la conducta de los hombres y sobre la conducta de los hombres aplicamos otro principio diferente del de causalidad.

b) La imputación en el pensamiento jurídico

LA CIENCIA JURÍDICA FORMULA REGLAS DE DERECHO. Una regla de derecho afirma, por ejemplo: "Si se ha cometido un acto ilícito, debe ser aplicada una sanción". Como la ley natural, la regla del derecho establece una relación entre dos hechos, pero mientras en la ley natural hay una relación de causa a efecto, la causalidad no interviene en la regla del derecho. El crimen no es la causa de la sanción, la sanción no es el efecto del acto ilícito.

En la regla del derecho, la relación que existe entre los dos hechos resulta de una norma que prescribe una conducta determinada. Un acto ilícito es seguido de una sanción porque una norma creada por un acto jurídico prescribe o autoriza la aplicación de una sanción cuando se ha cometido un acto ilícito.

A una norma creada por un acto cumplido en el espacio y el tiempo la denominamos positiva. El derecho y la moral son órdenes positivos en tanto sus normas han sido "puestas" o creadas por actos en el tiempo y el espacio: costumbres, órdenes de un profeta, actos de un legislador.

LA NORMA JURÍDICA ESTABLECE UNA RELACIÓN ENTRE EL ACTO ILÍCITO Y LA SANCIÓN. La ciencia jurídica formula una regla de derecho que establece que la sanción debe seguir al acto ilícito. Relación llamada "imputación", que vincula dos conductas humanas: el acto ilícito y la sanción.

c) **Ciencias causales y ciencias normativas**

LAS CIENCIAS NORMATIVAS NO TIENE POR OBJETO PRESCRIBIR CONDUCTAS NI DICTAR NORMAS; su papel es describir las normas. Estudian las conductas humanas aplicando el principio de imputación, en relación con las normas que prescriben cómo deben desarrollarse.

Para una ciencia normativa, una sociedad es un orden normativo (jurídico, moral o religioso), constituido por un conjunto de normas.

d) **Leyes causales y leyes normativas**

El principio de causalidad y el de imputación son juicios hipotéticos que establecen una relación entre una condición y una consecuencia. Pero la relación no es la misma en ambos casos. En el PRINCIPIO DE CAUSALIDAD, la condición es una causa y la consecuencia se efecto. En el PRINCIPIO DE IMPUTACIÓN, la relación entre la condición y la consecuencia es establecida por actos humanos.

e) **Causalidad e imputación**

En la causalidad, cada causa es efecto de otra causa, hay cadenas infinitas de causas y efectos. Las cadenas de imputación no tienen un número infinito de imputaciones, tiene sólo dos. El verdadero problema que la imputación debe determinar es quién es el responsable de una buena acción, un pecado, o un crimen.

f) **Imputación y libertad**

El hombre no es libre, sino en la medida en que su conducta se convierte en el punto final de una imputación, es decir, en la condición de una consecuencia, recompensa, penitencia, pena.

g) **Normas categóricas**

No puede haber normas sociales que prescriban conductas determinadas sin condición, en toda circunstancia. Lo mismo sucede con las normas que prescriben una omisión, si se admitiera que establecen obligaciones categóricas, podría ser observadas hasta durmiendo. TODA NORMA SOCIAL, YA

PRESCRIBA UNA ACCIÓN O UNA OMISIÓN, ES APLICABLE SÓLO EN CONDICIONES DETERMINADAS. Establece siempre una relación entre una condición y una consecuencia y prescribe que la consecuencia debe seguir a la condición. Tal es la esencia del principio de imputación.

3. Objeto de la ciencia del derecho

Desde el punto de vista estático el derecho aparece como un orden social, como un sistema de normas que regulan la conducta recíproca de los hombres.

a) Validez de una norma

La validez de una norma no es otra cosa que el modo particular de su existencia; UNA NORMA POSITIVA EXISTE CUANDO ES VÁLIDA. Tiene validez material, si se considera a las conductas particulares a las cuales se aplica. Tiene validez personal, referida a los individuos cuya conducta regula.

Una norma deja de ser válida cuando los individuos cuya conducta regula no la observan en una medida suficiente. La eficacia de una norma es, por lo tanto, una condición de su validez.

b) El acto y su significación

Las reglas contenidas en una primera constitución tiene la significación objetiva de normas jurídicas porque el orden jurídico todo se funda sobre la suposición de que la primera Constitución era un agrupamiento de normas jurídicas válidas. Suposición que es en sí misma una norma y que significa que es preciso observar las normas contenidas en la primera constitución. Es la NORMA FUNDAMENTAL.

La Norma Fundamental es necesario suponerla para atribuir a ciertos hechos la calidad de hechos creadores de normas. Una norma fundamental tiene un carácter puramente formal, no presenta en sí misma ningún valor moral, pero permite la creación de tales valores por medio de normas positivas.

c) El derecho es un sistema de normas

El derecho tiene la peculiaridad de que regula su propia creación y aplicación. La Constitución regula la legislación, las leyes regulan los actos creadores de normas jurídicas particulares; por último, los actos por los cuales las sanciones son ejecutadas son regidos por las normas jurídicas.

Una conducta que no está jurídicamente prohibida está jurídicamente permitida. Y en este sentido está indirectamente determinada por el derecho. NO HAY CONDUCTA QUE NO PUEDA SER JUZGADA DESDE UN PUNTO DE VISTA JURÍDICO o a la cual no sea aplicable el derecho positivo, nacional o internacional. El objeto de la ciencia jurídica son las normas creadas por individuos que poseen la calidad de órganos.

Desde el punto de vista estático, el derecho es un conjunto de normas determinantes de las conductas humanas; desde el punto de vista dinámico, es un conjunto de conductas humanas determinadas por normas.

d) Normas jurídicas y regla de derecho

Las reglas de derecho son las proposiciones mediante las cuales la ciencia jurídica describe su objeto: las normas jurídicas, tales como han sido creadas por actos jurídicos. Las reglas de derecho no son creadas por actos jurídicos, sino por los juristas que quieren conocer el derecho, describirlo, y como tal son verdaderas o falsas. La regla no es un imperativo, es un juicio formulado por la ciencia jurídica.

e) La regla de derecho es una ley social

Las reglas de derecho, al igual que las leyes naturales, son juicios hipotético, no categóricos. Su esquema es de la forma "Si se da A, debe ser B". B, la consecuencia, es imputada a la condición. La regla de derecho es una ley social y la imputación es su principio.

f) Derecho positivo y derecho natural

El objeto de la ciencia jurídica es el derecho positivo, sea el derecho de un Estado particular o el derecho internacional. El error característico de la doctrina del derecho natural consiste en ignorar la diferencia entre las leyes causales y formuladas por la ciencia de la naturaleza, según el principio de causalidad, y las reglas de derecho formuladas por la ciencia jurídica.

La DOCTRINA DEL DERECHO NATURAL, al pretender encontrar normas jurídicas en la naturaleza se funda sobre una interpretación religiosa o social - normativa de la naturaleza: la naturaleza como una MANIFESTACIÓN DE LA VOLUNTAD DE DIOS. Es por eso, una metafísica del derecho, no una ciencia.

LA CIENCIA JURÍDICA, por el contrario, ES UNA CIENCIA DEL DERECHO POSITIVO, CREADO Y APLICADO POR LOS HOMBRES. Para el jurista, un orden jurídico sólo es válido su de una manera general los individuos a los cuales se dirige conforman su conducta a sus normas. Pero no se debe identificar validez y eficacia. La validez se extrae de una Norma Fundamental, que es una hipótesis científica, que atribuye a la primera Constitución de un Estado el carácter de un sistema de normas válidas.

Pero esto sólo lo hace si la Constitución llega a instaurar un orden jurídico eficaz. Es el requisito para atribuir la significación objetiva a un sistema de normas válidas.

CAPÍTULO 2   EL DERECHO Y LA MORAL

DERECHO Y MORAL SON DOS ÓRDENES NORMATIVOS DISTINTOS UNO DEL OTRO.

EL JURISTA SÓLO DESCRIBE EL DERECHO. Los juicios de la ciencia del derecho comprueban la conformidad de un hecho a un norma, diciendo si el hecho es legal o ilegal, lícito o ilícito; y éstos son juicios de hechos, pues las normas con las cuales se relacionan han sido creadas en el espacio y en el tiempo, son normas positivas. La ciencia del derecho sólo puede describir el derecho tal como ha sido creado y aplicado por los órganos competentes.

EN CAMBIO, QUIEN CONSIDERA UN ORDEN JURÍDICO JUSTO O INJUSTO REALIZA JUICIOS DE VALOR y se funda, a menudo, en una moral por él presupuesta. Se basa en un valor que no puede ser justificado normativamente. El contenido de la idea de justicia varía de un lugar a otro y de época en época, no puede ser definido racionalmente, y por lo tanto, de modo objetivo.

Ciencia del derecho e ideología

La teoría pura debe combatir las tendencias ideológicas que todavía imperan pese al abandono de la doctrina del derecho natural. LA TEORÍA PURA NO TRATA DE JUSTIFICAR EL DERECHO; es realista, anti-ideológica. Eso la hace una verdadera ciencia del derecho. Como ciencia quiere conocer los objetos; no es ideológica, no emana de la voluntad, no encubre ni desfigura la realidad.

6

CAPÍTULO 3   DEFINICIÓN DEL DERECHO

1. El positivismo jurídico del siglo XIX

LA TEORÍA PURA DEL DERECHO SE PRESENTA EN OPOSICIÓN A LA DOCTRINA TRADICIONAL. Esta doctrina tradicional se caracteriza por la influencia de la teoría del derecho natural, que se basa en una noción trascendente del derecho. La teoría del derecho natural se desarrolló en el siguiente contexto histórico:

- ✓ La filosofía predominante era de carácter metafísico
- ✓ El sistema político imperante era la monarquía absoluta

En el siglo XIX, la burguesía liberal reacciona contra la metafísica y la teoría del derecho natural. Tanto en las ciencias naturales como en el aspecto jurídico se vuelca hacia el positivismo.

SIN EMBARGO, la evolución no fue completa. El positivismo jurídico ya no considera al derecho como una categoría eterna y absoluta, pero la idea de un valor jurídico absoluto no ha desaparecido. Las nociones de derecho y justicia permanecen relacionadas. EL DERECHO POSITIVO debe responder a la idea del derecho, esforzándose por lograr un mínimo de moral. De esta manera, PERMANECE LIGADA A LA TEORÍA DEL DERECHO NATURAL.

La teoría positiva fue suficiente en un período en que la burguesía había consolidado su poder y existía cierto equilibrio social.

2. El deber ser como categoría

a) El deber ser considerado como idea trascendente

El POSITIVISMO JURÍDICO, si bien distingue entre normas morales y normas jurídicas, considera que LA MORAL TIENE UN VALOR ABSOLUTO. Si el derecho prescribe una acción, debemos considerar que esa acción es buena justa y equitativa. Así, PERSISTE EN EL POSITIVISMO JURÍDICO CIERTO ELEMENTO IDEOLÓGICO.

b) El deber ser considerado como categoría de la lógica trascendental

LA TEORÍA PURA TRATA DE ELIMINAR ESE ELEMENTO IDEOLÓGICO DEL DERECHO, DEFINIENDO LA NORMA JURÍDICA CON INDEPENDENCIA DE TODA NOCIÓN MORAL.

Toda regla del derecho establece una relación entre una condición y una consecuencia, afirmando que si la condición se realiza, la consecuencia debe ser. Pero la expresión debe ser no tiene un contenido moral, sino que expresa una relación puramente lógica. Se trata de la relación de imputación.

LA TEORÍA PURA DEL DERECHO SE BASA EN LA FILOSOFÍA DE KANT. Este pensador demostró que la noción de causalidad no es una idea trascendente (que tenga una existencia real fuera del sujeto), sino un principio gnoseológico puesto por el sujeto para comprender la realidad natural.

Sin embargo, el mismo Kant no utilizó la idea de categoría lógica aplicada al derecho, sino que se inspiró en la doctrina tradicional del derecho natural. Por el contrario, la teoría pura del derecho ve en el concepto de deber ser una categoría lógica de las ciencias sociales normativas. La imputación en las ciencias sociales se ubica en el mismo plano que la causalidad en las ciencias naturales. De esta manera, ELIMINA EL ELEMENTO IDEOLÓGICO Y METAFÍSICO de la ciencia del derecho. Esta posición es rechazada por la doctrina tradicional, ya que, desde esta perspectiva, un orden social como el de la URSS en la época del comunismo tendría la misma validez que el de la Francia democrática y capitalista.

c) Retorno al derecho natural y a la metafísica

La conmoción social causada por la Primera Guerra Mundial provocó el resurgimiento de la doctrina del derecho natural, de la misma manera que la filosofía volvió a la metafísica anterior a Kant.

La teoría pura del derecho, por el contrario, pretende sacar las consecuencias que la teoría positivista del siglo XIX se negó a ver.

3. El derecho como orden coactivo

a) La sanción

Tanto la moral positiva como el derecho son órdenes normativos. La diferencia entre ambos hay que buscarla en el contenido de las reglas:

- ✓ En el derecho, la consecuencia imputada a la condición es un acto coactivo, denominado sanción
- ✓ En la moral, las normas no prescriben sanciones

La sanción también desempeña un papel importante en la religión. Las religiones primitivas consideraban que la muerte, la enfermedad, la derrota militar, etc., eran castigos aplicados a causa de los pecados. Las religiones más evolucionadas consideran que los castigos los recibirá el alma en el más allá. Pero todas estas sanciones son trascendentes.

Por el contrario, las sanciones establecidas por el derecho son actos de seres humanos prescritos por normas creadas por seres humanos. Las sanciones jurídicas son un elemento de la organización social. Constituyen un orden coactivo. Esta consideración de la norma jurídica como norma coercitiva ya existía en los teóricos del siglo XIX. La teoría pura del derecho continúa esta tradición.

La afirmación de que el derecho es un orden coactivo es el resultado de investigaciones empíricas comparativas de los órdenes sociales positivos. La ciencia jurídica no sólo define la estructura lógica de las reglas de derecho, sino también su contenido. De la misma manera, la forma lógica de la ley causal se convierte en ley natural (por ejemplo, la de gravedad) cuando se le agregan las observaciones empíricas correspondientes.

Los problemas lógicos son comunes a todas las ciencias normativas. Pero al abordar la cuestión del contenido específico del contenido de las reglas del derecho entramos propiamente en la ciencia del derecho. El problema específico de esta ciencia es determinar la diferencia entre las reglas de derecho y las otras leyes sociales, para lo cual la lógica (como disciplina formal) no nos sirve. Del mismo modo, las leyes naturales no se obtienen por deducciones lógicas, sino a partir de observaciones de los fenómenos.

b) El derecho es una técnica social

Por su finalidad, EL DERECHO ES UN MÉTODO QUE PERMITE INDUCIR A LOS HOMBRES A COMPORTARSE DE UNA MANERA DETERMINADA. Su característica fundamental es la aplicación de sanciones en caso de que la conducta sea contraria a la deseada. Se supone que los hombres considerarán esa coacción como un mal y tratarán de evitarla.

Las normas jurídicas sólo son aplicables a la conducta humana, a hombres dotados de razón y voluntad. En los pueblos primitivos, se aplicaban sanciones a los animales o cosas porque existía la concepción animista, según la cual los animales y cosas tienen un alma y se comportan de la misma manera que los hombres.

La mayor parte de los hombres se conduce de acuerdo con las normas prescritas por el derecho. Sin embargo, es difícil determinar en qué medida lo hacen por temor a la sanción. En muchos casos intervienen motivos religiosos o morales. La concordancia entre el orden jurídico y la conducta de los individuos es importante para la validez de ese orden, pero no debe atribuirse exclusivamente a su eficacia.

La técnica del derecho puede ser utilizada para lograr cualquier fin, incluso inducir a una conducta nociva, porque no es un fin en sí mismo, sino un medio. El derecho es una técnica de coacción social, estrechamente ligada a un orden social que tiene por finalidad mantener.

c) El derecho se atribuye el monopolio de la fuerza

EL DERECHO SE DISTINGUE DE OTROS ÓRDENES NORMATIVOS POR LA COACCIÓN, lo que implica el uso de la fuerza. La función esencial del derecho es reglamentar el empleo de la fuerza en las relaciones entre los hombres.

La fuerza sólo puede ser aplicada por los individuos especialmente autorizados. Los individuos autorizados actúan como órganos de la comunidad constituida por ese orden. Así, se puede decir que la función del derecho es establecer un monopolio de la fuerza en favor de las diversas comunidades jurídicas.

d) Elementos jurídicamente indiferentes contenidos en normas jurídicas

La formulación de la norma fundamental de un orden jurídico estatal es: si una condición determinada conforme a la primera constitución se realiza, un acto coactivo, determinado de la misma manera, debe ser ejecutado.

TODAS LAS REGLAS DEL DERECHO POSITIVO DE UN ESTADO SE BASAN EN ESTA NORMA FUNDAMENTAL y tienen el mismo esquema, ya que establecen la relación entre una condición (la conducta prohibida) y su consecuencia (el acto coactivo). Podemos reconocerles dos sentidos distintos:

- ✓ En su sentido subjetivo, estos actos son normas, porque prescriben o permiten una conducta
- ✓ En su sentido objetivo (el que les atribuye la ciencia del derecho) expresan el acto por el cual el derecho es creado

4. Norma primaria y norma secundaria

El derecho pretende inducir a los hombres a conducirse de una manera determinada. Para esto, se sancionan ciertas conductas. O podemos decir que se prescriben aquellas conductas que permiten evitar la sanción.

Una norma jurídica prescribe o prohíbe una conducta determinada, aunque esto no es indispensable. La mayoría de los códigos penales se limita a definir los crímenes y delitos, sin prohibir su comisión.

También podemos encontrar normas que prescriben una conducta, sin que la conducta contraria sea sancionada. En este caso, estamos ante una simple expresión de deseos del legislador, sin alcance jurídico (por ejemplo, una ley que prescribiera festejar las fechas patrias, sin sancionar a los que no lo hacen). La ciencia del derecho no puede considerar a estas leyes como normas jurídicas.

PARA QUE UNA NORMA PERTENEZCA A LA ESFERA DE DERECHO DEBE REUNIR DOS CONDICIONES:

- ✓ Debe definir la conducta que constituye la condición de una sanción

- Debe determinar la sanción

Se denomina NORMA PRIMARIA a la que establece la relación entre el hecho ilícito y la sanción (es decir, reúne las dos condiciones mencionadas).

Se llama NORMA SECUNDARIA a la que prescribe la conducta que permite evitar la sanción. La norma secundaria es superflua, ya que supone una norma primaria. Sin embargo, las normas secundarias no se deducen lógicamente de las primarias.

CAPÍTULO 4 LA OBLIGACIÓN JURÍDICA

1. Obligación jurídica y obligación moral

El concepto de obligación la toma el derecho de la moral. Sin embargo, existe una diferencia entre la obligación moral y la jurídica.

Las normas morales prescriben una conducta, sin establecer sanciones para la conducta contraria. Hay obligación moral de conducirse de la manera prescrita por la moral.

En el orden jurídico, no hay obligación de conducirse de una manera determinada, salvo que exista una norma que establezca un acto coactivo para sancionar la conducta contraria. A veces el legislador omite establecer la sanción. En este caso, no existe verdadera obligación jurídica de conducirse de la manera prescrita.

2. ¿Puede concebirse una obligación jurídica sin sanción?

SI EL DERECHO NO ESTUVIERA DEFINIDO COMO UN ORDEN COACTIVO, LA SANCIÓN DEJARÍA DE SER UN ELEMENTO ESENCIAL. En este caso, las normas jurídicas no se diferenciarían de las normas morales.

El orden coactivo también es característico del Estado, ya que permite distinguirlo de otro tipo de comunidades.

3. Obligación e imputación

La regla del derecho presenta un acto coactivo como consecuencia de una condición determinada. Cuando una regla afirma que, en tales condiciones, debe ser ejecutado un acto coactivo, esto no implica que sea siempre necesario aplicar la sanción. Por ejemplo, en el derecho internacional, la guerra está autorizada, pero ningún Estado tiene la obligación de recurrir a ella cuando es víctima de un acto ilícito.

La obligación de conducirse de una manera determinada existe solamente si la conducta opuesta es la condición de una sanción establecida por una norma jurídica. Sin embargo, como la cadena de sanciones debe detenerse en alguna parte, siempre hay normas jurídicas que establezcan sanciones cuyo incumplimiento no será pasible de una nueva sanción. Por ejemplo, la vendetta en las comunidades primitivas no es obligatoria, ya que su incumplimiento no es sancionado. Si el incumplimiento de la sanción no es la condición de una nueva sanción, no hay obligación jurídica.

DEBEMOS DISTINGUIR entonces, entre:

- ✓ AUTORIZACIÓN: si no existe una norma jurídica que prescriba la sanción
- ✓ OBLIGACIÓN: si existe una norma jurídica que establezca una nueva sanción en el caso de que la primera sanción no sea ejecutada

CAPÍTULO 5   EL HECHO ILÍCITO

1. ¿Es el hecho ilícito la negación del derecho?

UN HECHO ILÍCITO ES LA CONDUCTA PROHIBIDA POR UNA NORMA JURÍDICA. Existe una estrecha relación entre la noción de obligación jurídica y de hecho ilícito. : hay una obligación jurídica de abstenerse de todo acto ilícito
EN EL ESQUEMA DE LA REGLA DE DERECHO ("EN TALES CONDICIONES UNA SANCIÓN DEBE SER EJECUTADA"), EL HECHO ILÍCITO APARECE COMO LA

CONDICIÓN DE LA SANCIÓN. Si una conducta está prohibida por una norma, pero no se establece la sanción correspondiente, la conducta prohibida no constituye un acto ilícito.

Para la teoría tradicional del derecho, el acto ilícito consiste en una violación del derecho, un elemento que se encuentra fuera del derecho. Para que el acto ilícito pueda ser objeto de la ciencia jurídica, es preciso que se lo considere como parte del derecho. Por esto, la teoría pura del derecho lo introduce en el sistema jurídico.

La teología (otra ciencia normativa) pretende demostrar la existencia del mal presentándolo como una condición para la realización del bien, ya que conduce a la expiación. De la misma manera, la teoría pura del derecho considera que el acto ilícito permite que el derecho desempeñe su función esencial. Por lo tanto, EL HECHO ILÍCITO NO CONSTITUYE UNA INTERRUPCIÓN DEL DERECHO.

2. ¿Es el hecho ilícito la conducta del individuo contra el cual es dirigida la sanción?

La conducta considerada como hecho ilícito no es la única condición para la sanción prescrita o permitida. Por ejemplo, tomemos el caso de la violación de un contrato. El que viola un contrato comete un acto ilícito, pero además deben darse otras condiciones:

- ✓ El contrato debe haber sido celebrado
- ✓ Se debe haber interpuesto una acción ante el tribunal competente

La sanción se encuentra subordinada a tres condiciones, pero sólo una de ellas constituye un hecho ilícito.

Además, debemos agregar que muchas veces la sanción no recae sobre el autor del acto ilícito. Por ejemplo, en el caso de la vendetta del derecho primitivo, la sanción recae sobre uno o muchos otros individuos cuya conducta no figura entre las condiciones de la sanción, pero que son considerados como responsables de un acto ilícito.

CAPÍTULO 6   LA RESPONSABILIDAD JURÍDICA

1. Responsabilidad individual y responsabilidad colectiva

En el ejemplo de la vendetta citado anteriormente, la sanción no está dirigida contra el autor del acto ilícito. Se hace responsable del hecho ilícito a toda la comunidad a la que pertenece el autor. En este caso, la responsabilidad es colectiva, por oposición a la responsabilidad individual.

La conducta del individuo responsable sólo tiene interés jurídico cuando la responsabilidad es individual. Cuando su conducta no figura entre las condiciones de la sanción, el individuo es responsable por la conducta de otro.

En el caso de la responsabilidad colectiva, al formar parte de la misma comunidad, la sanción recae indirectamente sobre el autor del hecho ilícito. Por ejemplo, cuando un comandante ocupa un territorio enemigo y toma rehenes para fusilarlos en caso de que se cometan actos de sabotaje contra su ejército, está considerando que los saboteadores serán afectados por la sanción impuesta.

Otro ejemplo: cuando dos Estados firman un tratado, y uno de ellos lo viola, el otro puede apoderarse de los bienes de los súbditos del primer Estado que residen en su territorio. En este caso, la sanción se dirige contra la persona jurídica del Estado. La noción de persona jurídica implica identificar los órganos con los sujetos y viceversa. La sanción se dirige contra un sujeto (los súbditos) porque indirectamente se afecta al órgano (el Estado).

2. **Responsabilidad y obligación**

La responsabilidad jurídica y la obligación jurídica son dos nociones diferentes:

- ✓ La OBLIGACIÓN tiene siempre por objeto la conducta de la persona obligada. Está ligada a la noción de hecho ilícito
- ✓ La RESPONSABILIDAD puede relacionarse con la conducta de otro. Está ligada a la noción de sanción

CAPÍTULO 7   CIENCIA DEL DERECHO Y SOCIOLOGÍA JURÍDICA

1. Negación del carácter normativo del derecho

LA TEORÍA PURA CONSIDERA AL DERECHO COMO UN CONJUNTO DE NORMAS. Sin embargo, algunos teóricos ven en él un simple medio para lograr que los hombres se comporten de una manera determinada, aplicando a la conducta humana los mismos principios que se aplican a los hechos naturales.

Desde esta perspectiva, sólo existen fenómenos naturales, sometidos a la causalidad. El sentido normativo del derecho es considerado como una simple ideología. La única realidad sería la naturaleza.

2. La sociología jurídica

Esta concepción del derecho se basa en LA SOCIOLOGÍA JURÍDICA. Esta ciencia no estudia el sentido específico de las normas jurídicas. Sólo VE EN EL DERECHO UN HECHO NATURAL QUE SE MANIFIESTA EN LA CONCIENCIA DE LOS INDIVIDUOS.

La sociología jurídica NO SE INTERESA POR LAS NORMAS, SINO POR LOS ACTOS POR LOS CUALES ESTAS NORMAS SON CREADAS, por sus causas y efectos en la conciencia de los hombres. Se coloca en una perspectiva trascendente al derecho. Esta perspectiva sería comparable a la del fisiólogo que pretendiera estudiar la sensación analizando las reaccione físicas y químicas que se producen en el individuo.

Al considerar el derecho dentro de los fenómenos naturales, se lo despoja de su sentido específico. Las ciencias naturales establecen afirmaciones acerca del curso probable de los acontecimientos. La noción de deber ser propia del derecho se distingue de la simple probabilidad natural.

LA TEORÍA PURA DEL DERECHO ESTUDIA LAS NORMAS EN SÍ MISMAS, NO COMO HECHOS DE CONCIENCIA. Se coloca en una perspectiva inmanente al derecho. La existencia de una ciencia del derecho bajo la forma de una jurisprudencia dogmática prueba la posibilidad y la necesidad de una teoría pura. La sociología jurídica no puede reemplazarla, ya que se ocupan de problemas diferentes.

CAPÍTULO 8   EL DUALISMO EN LA TEORÍA DEL DERECHO Y SU ELIMINACIÓN

1. Derecho natural y derecho positivo

Dentro de la teoría jurídica positivista del siglo XIX está presente un dualismo. Este dualismo es una herencia de la doctrina del derecho natural.

Para la doctrina del derecho natural, existen dos tipos de derecho: el derecho natural y el derecho positivo. Este dualismo se propone dar respuesta a varios problemas:

- ✓ El de la justicia absoluta
- ✓ El del bien y el mal en las relaciones entre los hombres
- ✓ El de distinguir los actos humanos conformes a la naturaleza

Las reglas aplicables a la conducta humana serían deducibles de la naturaleza del hombre, en especial de su razón. Examinando los hechos naturales se podría hallar la solución a los problemas sociales. La naturaleza reemplazaría a los legisladores.

LA DOCTRINA DEL DERECHO NATURAL ADOPTA UNA POSICIÓN TELEOLÓGICA: SUPONE QUE LOS FENÓMENOS NATURALES TIENEN UN FIN, determinado por una inteligencia y voluntad superiores.

En las culturas primitivas la naturaleza es interpretada de manera animista. Se considera que los animales, las plantas, etc. se comportan con respecto a los hombres como los hombres entre sí. El animismo es una interpretación social de la naturaleza. Además, los espíritus que habitan las cosas se presentan como seres poderosos. Por lo tanto, se les debe rendir culto. El animismo es así una interpretación religiosa de la naturaleza.

En una etapa más evolucionada, los distintos espíritus son reemplazados por una sola divinidad, cuya voluntad se manifiesta en la naturaleza. Una interpretación coherente del derecho natural le conferiría carácter religioso. Según la doctrina del derecho natural, el derecho positivo se opone al derecho natural:

- ✓ El DERECHO NATURAL sería un derecho divino, eterno e inmutable porque ha sido establecido por Dios
- ✓ El DERECHO POSITIVO sería temporal y variable, creado por los hombres

Si el derecho natural es creado por Dios, entonces los derechos subjetivos serían innatos. El derecho positivo sólo puede protegerlos, nunca concederlos o quitarlos.

Sin embargo, los partidarios de la doctrina del derecho natural pretenden distinguir el derecho natural del derecho divino, basando su teoría en la naturaleza. La razón humana sería capaz de conocer los derechos naturales a partir de la naturaleza humana.

Desde un punto de vista científico, e pueden presentar varias OBJECIONES A LA DOCTRINA DEL DERECHO NATURAL:

- ✓ NO DISTINGUE ENTRE LAS PROPOSICIONES QUE UTILIZAN LAS CIENCIAS NATURALES PARA DESCRIBIR SU OBJETO Y LAS QUE UTILIZAN LAS CIENCIAS DEL DERECHO. Las ciencias naturales se basan en el principio de causalidad. Los fenómenos naturales se relacionan en un sistema de causas y efectos, independiente de la voluntad humana o divina. El derecho se basa en el principio de imputación. Es un sistema de normas creadas por los hombres o alguna divinidad. Al identificar las leyes naturales y las reglas del derecho, la doctrina del derecho natural considera, como el animismo primitivo, que la sociedad forma parte de la naturaleza.

✓ UNA NORMA CONSTITUYE UN VALOR. Cuando comprobamos que un hecho es o no es conforme a una norma, estamos utilizando un juicio de valor, diferente a un juicio de realidad. El valor no es inherente al objeto, sino que le es atribuido por una norma. Por lo tanto, el valor no puede ser descubierto por un análisis de la realidad natural ni puede ser deducido de ella. Ningún razonamiento lógico permite pasar de lo que es a lo que debe ser, de la realidad natural al valor moral o jurídico. Sólo en la voluntad divina lo que debe ser coincide con lo que es, superándose el dualismo entre realidad y valor. Pero colocarse en esta perspectiva supone tomar una posición metafísica e irracional.

✓ LA DOCTRINA DEL DERECHO POSITIVO SUPONE QUE LAS NORMAS JURÍDICAS QUE REGULAN LA CONDUCTA HUMANA SE DEDUCEN DE LA NATURALEZA, CREADA POR DIOS. Pero no se puede probar este supuesto. Las normas que se consideran "puestas" por la voluntad divina son sólo las supuestas por los teóricos del derecho natural. Los valores que ellos suponen absolutos y objetivos son sólo relativos y subjetivos.

b) Las contradicciones de la doctrina del derecho natural

Para la doctrina del derecho natural, el derecho positivo, creado por los hombres, es imperfecto. Pero, por encima de este derecho, está el derecho natural, absolutamente justo, establecido por Dios. El derecho positivo es válido en tanto se corresponda con el derecho natural. Desde esta perspectiva, el derecho positivo sería superfluo.

Sin embargo, ninguno de LOS TEÓRICOS DEL DERECHO NATURAL llega a esta conclusión. Todos INSISTEN EN LA NECESIDAD DE UN DERECHO POSITIVO. Para demostrarlo, incurren en una contradicción: si la naturaleza humana es la base del derecho natural, se debe admitir que el hombre es fundamentalmente bueno. Pero para que sea necesario un orden coactivo, se debe invocar la perversidad del hombre. En realidad, el derecho natural no se deduce de la naturaleza humana tal como es, sino tal como debería ser.

Si el derecho positivo extrajera su validez de la correspondencia con el derecho natural, todo conflicto entre ambos sería imposible (o sólo en casos excepcionales). Se trataría en realidad de un conflicto entre distintas opiniones acerca del contenido del derecho natural. Este conflicto sólo puede ser resuelto por el Estado.

Otra manera de establecer una correspondencia entre derecho natural y positivo consiste en definir la justicia como dar a cada uno lo debido. Dicha definición no establece qué es lo debido a cada uno, por lo que se debe recurrir inevitablemente al derecho positivo.

La mayoría de los representantes de la doctrina del derecho natural no reconocen el derecho de resistir a la autoridad (o sólo de manera restringida). La idea de un derecho natural no tiene por objeto debilitar la autoridad del derecho positivo, sino de reforzarla.

c) Los resultados contradictorios de la doctrina del derecho natural

Considerar que la conducta humana es prescrita por la naturaleza constituye un juicio de valor subjetivo. Por este motivo, no hay una sola doctrina del derecho natural, sino muchas, que sostienen proposiciones contradictorias. Para algunos autores, la democracia es la forma natural de gobierno; para otros la monarquía absoluta.

En la época actual, se puede comprobar un retorno a LA DOCTRINA DEL DERECHO NATURAL, porque se considera que ES LA QUE MEJOR PERMITE DEFENDER Y JUSTIFICAR AL SISTEMA CAPITALISTA. Esto se debe a que SUS PRINCIPALES AUTORES CONSIDERARON LA PROPIEDAD COMO UN DERECHO SAGRADO, acordado al hombre por la naturaleza o por Dios.

De acuerdo a las Sagradas Escrituras, Dios dio las cosas en común a todos los hombres. De este modo, resulta curiosa la interpretación que realizan los teóricos del derecho natural, quienes pretenden que la propiedad privada es conforme a la naturaleza. El razonamiento realizado es el siguiente: Dios creó al hombre a su imagen y semejanza, por lo que era originariamente bueno. Pero, habiendo sucumbido al pecado, se ha convertido en malo, por lo que LA PROPIEDAD PRIVADA CORRESPONDERÍA A LA NATURALEZA HUMANA después de la caída.

LA DISTRIBUCIÓN DE BIENES QUE REALIZA EL DERECHO POSITIVO ES JUSTA, PUES ES CONFORME AL DERECHO NATURAL. Esta distribución garantiza el máximo de felicidad posible, por lo que no debe ser modificada. Otro sistema económico, que no respetara la propiedad privada, sería injusto porque iría contra el derecho natural.

Una de las principales FUNCIONES DEL ESTADO, para los partidarios de la doctrina del derecho natural, consiste el PROTEGER LA PROPIEDAD PRIVADA. El Estado no podría abolir este derecho, aunque sí podría exigir que los ciudadanos sacrificaran su vida (en una guerra, por ejemplo). LA PROPIEDAD TENDRÍA UN VALOR MAYOR QUE LA VIDA.

La TESIS DE QUE LA PROPIEDAD PRIVADA ES CONTRARIA A LA NATURALEZA Y FUENTE DE TODOS LOS MALES SOCIALES apareció por primera vez en Francia en 1755, supuestamente debida a Morelli. Durante mucho tiempo, esta tesis fue considerada como el evangelio del socialismo.

LA TEORÍA DEL DERECHO NATURAL, CON SU DEFENSA DE LA PROPIEDAD PRIVADA, SE OPONE FUERTEMENTE A LAS IDEAS SOCIALISTAS Y COMUNISTAS. RESULTA ASÍ DE GRAN UTILIDAD POLÍTICA PARA LA DEFENSA DE CIERTOS INTERESES.

Platón distingue entre las mentiras permitidas y las que no lo son. Las mentidas permitidas serían aquellas que son útiles a los gobernantes. La doctrina del derecho natural parecería entrar dentro de este grupo.

2. Derecho objetivo y derecho subjetivo

Si bien el positivismo del siglo XIX no admiten un derecho que tenga un valor absoluto, no renuncia a justificar el derecho por valores trascendentes. Estos valores aparecen en la mima noción de derecho que manejan.

El dualismo presente en la doctrina del derecho natural reaparece en el positivismo bajo la forma de varios pares de nociones opuestas: derecho objetivo y subjetivo, derecho público y privado, Estado y derecho, etc.

a) La noción de derecho subjetivo

Se suele decir que el derecho debe ser entendido en dos sentidos:

- ✓ OBJETIVO: consiste en un orden normativo
- ✓ SUBJETIVO: representa un interés o una voluntad

Este dualismo representa la idea de que EL DERECHO SUBJETIVO ES ANTERIOR AL OBJETIVO, tanto desde el punto de vista lógico como cronológico. El derecho objetivo aparece más tarde, bajo la forma de un orden estatal, que reconoce, garantiza y protege los derechos subjetivos. Esta CONCEPCIÓN fue SOSTENIDA especialmente POR LA ESCUELA HISTÓRICA DEL DERECHO, primera representante del positivismo jurídico en el siglo XIX.

b) La noción de sujeto de derecho o de persona

La noción de sujeto de derecho o de persona está relacionada a la de derecho subjetivo. EL SUJETO DE DERECHO ES EL TITULAR DE UN DERECHO SUBJETIVO. El modelo del sujeto de derecho es el propietario. El sujeto de derecho sería INDEPENDIENTE DEL ORDEN JURÍDICO Y PREEXISTENTE a él. El derecho objetivo, establecido por el Estado, sólo puede reconocer esta personalidad.

La oposición entre derecho objetivo y el sujeto de derecho lleva a una CONTRADICCIÓN. El derecho objetivo es una norma heterónoma que impone una obligación. La persona jurídica es la negación de toda obligación, ya que es autónoma o libre.

c) Función ideológica de las nociones de derecho subjetivo y de sujeto de derecho

La definición de sujeto de derecho tiene un carácter ficticio. Dentro del derecho privado, donde el contrato es un hecho creador de derecho, encontramos la autodeterminación de los individuos, pero se trata de una autonomía restringida. El derecho de uno supone la obligación de otro. Esta relación sólo puede nacer de dos voluntades. El derecho objetivo debe atribuir al contrato la calidad de creador de derecho, para que el derecho contractual emane del derecho objetivo y no de las partes contractuales

ESTAS NOCIONES CUMPLEN UNA FUNCIÓN IDEOLÓGICA. El derecho subjetivo impone límites al derecho objetivo. Esto es importante si el derecho objetivo es concebido como un orden que se puede modificar constantemente.

AL EXISTIR UN DERECHO INDEPENDIENTE DEL DERECHO OBJETIVO, LA PROPIEDAD PRIVADA NO PUEDE SER SUPRIMIDA.

Un ejemplo de esta tendencia es la filosofía del derecho de Hegel. Para este autor, el derecho subjetivo, que se identifica con la propiedad, consiste en la realización exterior de la libertad. Para que la libertad pueda realizarse, se requiere de un dominio exterior. Este dominio es la propiedad. La razón exige así que el hombre posea bienes. Hegel descarta la igualdad de la propiedad. LA NOCIÓN DE PROPIEDAD COLECTIVA ES INCONCEBIBLE. Esta teoría del derecho subjetivo constituye una ideología destinada a sostener el sistema político basado en la propiedad privada[1].

d) La noción de relación jurídica

La ideología del derecho natural considera la relación entre el derecho y la vida económica como una relación de forma a contenido. Los autores de esta teoría introducen la distinción entre:

- ✓ DERECHOS PERSONALES: se trata de una relación entre sujetos de derecho
- ✓ DERECHOS REALES: se trata de una relación entre un sujeto y una cosa. El derecho real por excelencia es la propiedad

La PROPIEDAD se define por el DOMINIO EXCLUSIVO DE UNA PERSONA SOBRE UNA COSA. Sin embargo, esta

---

[1] Propiedad privada de los medios de producción, que permite la explotación de la clase no propietaria.

definición tiene un carácter ideológico, porque lo que establece la propiedad es la posibilidad jurídica para el propietario de impedir que todos los otros sujetos gocen de la cosa y el deber de éstos de no coartar la facultad del propietario de disponer de ella. Se trata, pues, de una relación entre sujetos.

Al definir la propiedad como una relación entre una persona y una cosa, se DISIMULA su función social y económica, que la teoría socialista califica de EXPLOTACIÓN.

Los teóricos del derecho se interesan por los derechos subjetivos. Consideran que el deber no es una noción jurídica. Sin embargo, al ser el derecho un orden coactivo, impone el deber de comportarse de determinada manera a fin de evitar una sanción. El deber desempeña una función más importante que el derecho subjetivo.

CAPÍTULO 9   LA ESTRUCTURA JERÁRQUICA DEL ORDEN JURÍDICO

1)   ¿Cuándo las normas forman un orden?

Una pluralidad de normas constituye una unidad, un sistema o un orden, cuando su validez reposa sobre una norma única, fundamental, fuente común de validez de todas las demás normas.

Una norma pertenece a un orden cuando existe la posibilidad de hacer depender su validez de la norma fundamental, que se encuentra a la base de ese orden.

2)   Un orden jurídico es un sistema dinámico de normas

LA VALIDEZ DE UNA NORMA JURÍDICA NO ES AFECTADA PORQUE ESTÉ EN OPOSICIÓN CON UN VALOR MORAL FUNDAMENTAL.

Una norma jurídica es válida si ha sido creada según reglas determinadas y de acuerdo con un método específico. El único derecho válido es el positivo, el "puesto".

Las normas del derecho natural y las de la moral son deducidas de una norma fundamental que, por su contenido, está considerada como evidente, como emanación de la voluntad divina, de la naturaleza, de la razón pura.

Pero LA NORMA FUNDAMENTAL DE UN ORDEN JURÍDICO ES SIMPLEMENTE LA REGLA FUNDAMENTAL según la cual deben ser creadas las normas jurídicas. Es el PUNTO DE PARTIDA DE UN PROCEDIMIENTO y su carácter es formal y dinámico.

Toda investigación científica de un orden jurídico debe partir de la hipótesis fundamental de que la voluntad del primer legislador o constituyente debe ser considerada como poseedora de un carácter normativo.

3) **La norma fundamental**

La teoría pura muestra que todos los juicios que atribuyen un carácter jurídico a una relación entre individuos sólo son posibles con la condición general de suponer la validez de la norma fundamental.

LA TEORÍA PURA DEL DERECHO LE DA A LA NORMA FUNDAMENTAL EL PAPEL DE UNA HIPÓTESIS BÁSICA: PARTIENDO DE SUPONER SU VALIDEZ, TAMBIÉN RESULTA VÁLIDO EL ORDEN JURÍDICO QUE LE ESTÁ SUBORDINADO.

4) **La norma fundamental de un orden jurídico nacional**

a) **Su contenido**

No tiene un contenido preciso. Una Norma Fundamental indica cómo se crea un orden al cual corresponde la conducta efectiva de los individuos a quienes rige.

b) **Validez y eficacia de un orden jurídico. El derecho y la fuerza**

HAY UNA RELACIÓN ENTRE LA VALIDEZ Y LA EFICACIA DE UN ORDEN JURÍDICO. LA PRIMERA DEPENDE, EN CIERTA MEDIDA, DE LA SEGUNDA. Si bien debe haber cierta discordancia entre derecho y hecho (pues si la discordancia fuera total, para qué mandar), la eficacia es una condición indispensable. El PRINCIPIO DE LEGALIDAD depende de la eficacia del orden jurídico, considerado en su conjunto.

Si en vez de eficacia, hablamos de fuerza, veremos que se trata de la vieja verdad de que EL DERECHO NO PUEDE SUBSISTIR SIN LA FUERZA, sin que sea idéntico a ella.

c) La norma fundamental de un derecho nacional es una norma del derecho internacional

Al establecer el principio de que un orden jurídico para ser válido debe tener cierto grado de eficacia, formulamos una norma de derecho positivo que no pertenece a ese orden jurídico, sino al derecho internacional.

EL DERECHO INTERNACIONAL CONSIDERA A UN PODER ESTABLECIDO COMO LEGÍTIMO EN LA MEDIDA EN QUE EL ORDEN DE COACCIÓN ESTABLECIDO POR DICHO PODER ES REALMENTE EFICAZ.

Un gobierno es considerado legítimo si está en condiciones de hacer respetar de modo duradero las normas que dicta. La comunidad constituida por dicho orden jurídico es, entonces, un Estado en el sentido del derecho internacional.

d) Validez y eficacia de una norma jurídica particular

El principio de efectividad sólo se aplica a un orden considerado en su conjunto y no a cada una de las normas aisladamente.

UN ORDEN JURÍDICO ES VÁLIDO AÚN SI ALGUNAS DE SUS NORMAS ESTÁN DESPROVISTAS DE EFICACIA, Y ÉSTAS PERMANECEN VÁLIDAS SI HAN SIDO CREADAS POR LA MANERA PRESCRITA POR ESE ORDEN.

El principio de efectividad puede formar parte de las normas positivas de un orden jurídico nacional, en la medida de que este haga depender la validez de ciertas normas de su eficacia: cuando la Constitución admite que la costumbre puede derogar una ley que ha caído en desuso porque por cierto tiempo no ha sido aplica por lo órganos competentes. Pero para una ley que no ha caído en desuso su no aplicación constituye un delito.

Hay siempre un período durante el cual una ley desprovista de eficacia conserva su validez por el hecho de que no ha sido todavía derogada por una costumbre opuesta. Con lo cual, AUN EN EL CASO DEL DESUSO, VALIDEZ Y EFICACIA NO DEBEN SER CONFUNDIDAS.

5. La estructura jerárquica de un orden jurídico nacional

a) La constitución

EXISTE UNA PARTICULARIDAD EN EL DERECHO: ÉL MISMO REGULA SU PROPIA CREACIÓN.

Una norma determina la manera cómo otra norma debe ser creada. También decide, en cierta medida, cuál debe ser el contenido, pues la relación entre estas normas no es sólo posible de ser descripta como anterior y posterior, sino también como norma superior y norma inferior. La estructura es jerárquica y se distribuye en distintos estratos. En el análisis de éstos vamos remontando estrato por estrato, ascendiendo en el nivel de validez de las normas hasta llegar a la norma fundamental de la cuál depende el conjunto.

LA NORMA FUNDAMENTAL DE UN PAÍS ES LA CONSTITUCIÓN, cuya función es designar los órganos encargados de la creación de las normas generales y explicar cuál es el procedimiento que debe seguirse.

LA LEGISLACIÓN ES EL CONJUNTO DE NORMAS GENERALES ENUNCIADAS. La Constitución puede determinar el contenido de leyes futuras al prescribir o prohibir algunos contenidos. Al mismo tiempo puede, implícitamente, prohibir ciertas situaciones al enunciar la norma contraria. La técnica jurídica permite dar apoyo a esto porque puede declarar nula una ley dictada por un gobierno o legisladores en caso de ser inconstitucional. El principio en el que esto se basa es UNA LEY NO PUEDE IR EN CONTRA DE LA CONSTITUCIÓN.

b) **La legislación y el concepto de fuente del derecho**

DESPUÉS DE LA CONSTITUCIÓN VIENEN LAS NORMAS ORIGINADAS EN LA LEGISLACIÓN.

Éstas determinan los órganos y el procedimiento y sobre todo el contenido de las normas individuales que han de ser dictadas por las autoridades jurídicas y la administración. La legislación determina el contenido de las normas así como su creación. La relación entre la legislación con la jurisdicción y la administración es similar a la que tiene la legislación con la Constitución. La diferencia es la manera en que la norma superior determina a la inferior.

En el primer caso el elemento formal predomina sobre el material (relación entre la legislación y la Constitución) y en el otro los dos elementos se equilibran.

Es importante la DISTINCIÓN ENTRE LEY Y REGLAMENTO. La primera tiene su origen en un parlamento elegido por voto popular pero la mayor parte de los órdenes jurídicos existentes admiten que en ciertos momentos la administración puede dictar ciertas normas con "fuerza de ley". Es decir que no son exactamente leyes sino reglamentos, pero que es como si lo fueran. La palabra Ley designa, en su sentido material, a toda norma jurídica general en cuanto que su sentido formal es tanto una norma general creada en forma de ley como una norma individual.

Kelsen considera que existen normas constitucionales y generales que pueden ser creadas por vía estatutaria (es decir concientemente) o por vía de la costumbre. A la teoría del derecho, según Kelsen, le interesa la primera vía. Estas vías son lo que en las teorías más tradicionales se llaman "fuentes del derecho". Esta expresión es equívoca por las diversas significaciones que puede revestir, lo que la torna inutilizable. Kelsen se pronuncia por definir cada uno de los problemas en su aplicación concreta.

c) **La jurisdicción**

Una norma general sólo adquiere su verdadero sentido al ser aplicada a un caso concreto. Antes de eso lo que hay es su enunciación abstracta. En caso afirmativo, de ser pasible de aplicación se pasará al acto de coacción en cuestión prescrito por la norma general abstracta. Esta es la FUNCIÓN DE LA JURISDICCIÓN: PRODUCIR ACTOS CREADORES DE DERECHO.

d) **Jurisdicción y administración**

La ADMINISTRACIÓN tiene, de igual manera, que individualizar y concretar leyes. Desempeña el mismo papel que la JURISDICCIÓN en gran medida.

La gran DIFERENCIA es a partir de la organización que los constituye. Los tribunales, históricamente, disponen de independencia, en tanto que la administración está entrelazada al poder estatal. La administración se opone vis a vis a la jurisdicción únicamente cuando ésta es directa. Es decir la que busca establecer de manera directa e inmediata un cierto estado de cosas.

e) **El acto jurídico de derecho privado y la ejecución**

En el dominio del derecho privado, aunque no exclusivamente, ocurre que entre la ley y la sentencia del tribunal se insertan un acto o actos de derecho privado cuyo cometido es individualizar un hecho ilícito. La ley delega a las partes ciertas facultades para crear normas que regulen su conducta. En una instancia posterior el tribunal procederá a comprobar la existencia de una violación de la norma y a sancionar en caso de que exista.

f) **Creación y aplicación del derecho**

La oposición entre la creación y aplicación del derecho no es absoluta, posición que ha sostenido la teoría jurídica tradicional. Exceptuando dos casos límites (la evasión de las normas individuales y la suposición de una norma fundamental que no tiene norma inferior) TODOS LOS ACTOS JURÍDICOS SON, A LA VEZ, ACTOS DE CREACIÓN Y DE APLICACIÓN.

g) **Ubicación del derecho internacional en la jerarquía**

El derecho internacional positivo supone muchos órdenes estatales coordinados. El derecho internacional busca coordinar y delimitar los diversos órdenes estatales. Este orden es, implícitamente superior a los órdenes estatales nacionales.

h) Conflictos entre normas pertenecientes a estratos diferentes

La unidad del orden jurídico parecería estar en peligro cuando una norma inferior no se amolda a la norma superior constituyente. El derecho conoce este tipo de problemas y, suele contemplar el derecho "contrario al derecho".

Confirma su existencia adoptando medidas para mantenerlo acotado o impedir su expansión. La Constitución reconoce la validez de las leyes constitucionales y, no sólo eso sino que afirma su vigencia. Las normas de la Constitución relativas a la creación y al contenido de leyes adecuadas a la norma superior y otras que no forman un todo. Estas últimas tienen el carácter de alternativas disponibles, a pesar que no tengan el mismo peso ni valor.

No se trata, en general, de leyes inconstitucionales sino de leyes defectuosas que podrían llegar a ser anuladas de ser necesario a través de algún procedimiento especial. El mismo caso se da respecto a casos como los de un reglamento ilegal o cuando una disposición administrativa se contradice con una norma jurídica general.

Un principio general es que SÓLO UNA NORMA VÁLIDA ES POSIBLE DE SER ANULADA y, si no lo es, queda definitivamente validada. EN EL DOMINIO DEL DERECHO JAMÁS HAY NULIDAD SINO ANULABILIDAD.

Existen diversos grados de anulabilidad. Por ejemplo, el orden jurídico contempla la anulación con efecto retroactivo de una norma dictada por otro órgano. Tampoco puede hablarse aquí de una nulidad ab initio sino de anulación pues ésta no es un acto declarativo sino constitutivo. Puede suceder que el orden jurídico autorice a un individuo a anular retroactivamente una norma jurídica. Este es el caso extremo de anulabilidad, aunque no se lo encuentra en los derechos nacionales modernos. Las concepciones más primitivas del derecho se caracterizan, justamente, por carecer de órganos centralizados que se pronuncien sobre el derecho en general. En estos casos el individuo puede considerar nula para su gobierno una determinada norma y arriesgarse a ver que le sucede. Kelsen aclara que pueden existir casos de nulidad ab initio, casos en que la nulidad se presenta por vicios congénitos de una determinada ley. Pero esos casos caen fuera de lo que es el derecho.

¿Cómo distinguir esto de la anulabilidad? Sólo podría hacerlo después de una verificación el órgano competente. Pero esto entrañaría una decisión constitutiva que, al igual que cuando el Rey Midas convertía en oro todo lo que tocaba de la misma forma sería parte del derecho todo objeto sobre el cuál éste interviniera, confirmando el carácter metajurídico de la cuestión.

La posición general de Kelsen es que UNA CIENCIA NORMATIVA NO PUEDE ADMITIR CONTRADICCIÓN ENTRE DOS NORMAS QUE PERTENECEN AL MISMO SISTEMA. EL DERECHO RESUELVE ESTE PROBLEMA A PARTIR DE LA ESTRATIFICACIÓN ENTRE LAS NORMAS de tal manera que ninguna contradicción lógica ataca la unidad del orden jurídico en su estructuración jerárquica.

CAPÍTULO 10   LA INTERPRETACIÓN

1) Razón de ser y objeto de la interpretación

La estructura jerárquica del orden jurídico tiene consecuencias importantes para el problema de la interpretación. Esta es una operación del espíritu que acompaña al proceso de creación del derecho al pasar de la norma superior a una inferior.

Son casos de interpretación, por ejemplo, la aplicación de una norma general a un hecho concreto, mediante la cual el órgano judicial o administrativo obtiene la norma individual que le incumbe establecer; las sentencias jurídicas, que interpretan normas individuales, etc.

TODA NORMA DEBE SER INTERPRETADA PARA SU APLICACIÓN, o sea, en la medida en que el proceso de creación y de aplicación desciende un grado en al jerarquía del orden jurídico.

2) Determinación parcial de una norma inferior por una superior

LA NORMA SUPERIOR PUEDE DETERMINAR EL CONTENIDO DE LA INFERIOR PERO NO DE FORMA COMPLETA, dado que no puede regular en todos los detalles el acto por el cual puede ser aplicada.

A menudo el actor de la norma superior se abstiene voluntariamente de determinar cierto número de puntos; por ejemplo, el Código Penal prevé para un determinado delito una pena que puede ser pecuniaria o privativa de la libertad, y deja librado al juez determinar la especie y la importancia de la pena, teniendo en cuenta el mínimo y el máximo que el Código fija. La no determinación de un acto jurídico puede ser también la consecuencia involuntaria del texto de la norma que regula ese acto. El caso más frecuente es cuando las palabras o las frases que expresan las normas son equívocas.

3) La norma es un marco abierto de posibilidades

La norma superior es un marco abierto a varias posibilidades y todo acto de aplicación es conforme a la norma si no sale de este marco y lo llena de alguna de las maneras posibles. La interpretación en tanto determinación del sentido de la norma es la comprobación de las diversas maneras de llenar el marco constituido por la norma.

LA INTERPRETACIÓN DE LA NORMA NO CONDUCE NECESARIAMENTE A UNA SOLUCIÓN ÚNICA. El órgano tiene la competencia para elegir la solución que le parezca correcta desde el punto de vista político o moral.

Para la ciencia jurídica tradicional, en cambio, la interpretación no sólo fijaba un marco a llenar, sino que debía usar un método para llenarlo correctamente. El intérprete debía esclarecer el sentido, con la ayuda de su razón, para elegir la posibilidad acertada.

4) Los métodos de interpretación

La teoría del derecho positivo no suministra ningún criterio y no indica ningún método que permite dar preferencia a una de las diversas posibilidades contenidas en el marco de una norma. Por ejemplo, en la contradicción entre dos normas válidas, se puede aplicar una, otra, o considerar que ambas se anulan; las tres soluciones son jurídicas.

5) La interpretación, ¿es un acto de conocimiento o de voluntad?

PARA EL DERECHO POSITIVO NO HAY UNA SOLUCIÓN JUSTA. Un comentario científico sólo puede indicar las interpretaciones posibles de una norma; no decir cuál de ellas es la única correcta o justa. ESTA DECISIÓN ES UN ACTO DE VOLUNTAD, UNA CUESTIÓN DE POLÍTICA JURÍDICA, NO DE CIENCIA JURÍDICA.

6) La ilusoria seguridad jurídica

PARA LA DOCTRINA DEL DERECHO TRADICIONAL HAY UNA SOLA INTERPRETACIÓN CORRECTA y un método científico de lograrla. El derecho determinaría la conducta de los hombres y también la de los órganos (por ejemplo, los tribunales) que lo aplican. LA TEORÍA PURA DICE QUE ESTA SEGURIDAD JURÍDICA ES ILUSORIA.

7) El problema de las lagunas

Las lagunas lógicas

Con la expresión "LAGUNAS DEL DERECHO" se hace referencia a la IMPOSIBILIDAD DE APLICAR EL DERECHO VIGENTE EN UN CASO CONCRETO PORQUE NINGUNA NORMA JURÍDICA INDICA LA CONDUCTA DEBIDA.

En verdad, TALES LAGUNAS NO EXISTEN en el derecho. EL DERECHO VIGENTE SIEMPRE ES APLICABLE Y PERMITE RESOLVER CUALQUIER LITIGIO, PUES EL ORDEN JURÍDICO GARANTIZA LA LIBERTAD DE HACER O NO HACER AQUELLO A LO CUAL NO SE ESTÁ OBLIGADO, dado que impone a cada sujeto la obligación de no impedir al otro hacer lo que no está prohibido.

Las lagunas técnicas

Se presentaría, por ejemplo, cuando el legislador ha omitido una norma indispensable para la aplicación técnica de la ley y tal laguna podría ser llenada por medio de la interpretación. En realidad, lo que se llama laguna técnica ES UNA DIVERGENCIA ENTRE EL DERECHO POSITIVO Y EL DERECHO DESEADO, o bien aquella indeterminación que resulta del hecho de que la norma es sólo un marco.

Las lagunas admitidas por el legislador

Esta teoría, de carácter fuertemente ideológico, pretende que CUANDO NINGUNA DECISIÓN SE PUEDE ADOPTAR BASÁNDOSE EN LA LEY, EL JUEZ PUEDE CONDUCIRSE COMO LEGISLADOR. Si bien el legislador puede no prever todos los casos, esto no da plenos poderes al juez, quien puede pretender que no hay ley posible para aplicar en casos en que, en realidad, la ley es inoportuna por razones políticas.

35

CAPÍTULO 11 LOS MODOS DE CREACIÓN DEL DERECHO

1. Formación del derecho y forma del Estado

Se puede estudiar el derecho desde dos perspectivas:

- ESTÁTICA: considera al derecho como un orden ya creado
- DINÁMICA: sigue el derecho en el proceso de su creación

EL PROBLEMA DE LA DINÁMICA JURÍDICA ES EL DE LOS MODOS DE CREACIÓN DEL DERECHO. Si la función del derecho es obligar a los hombres a que se comporten de una manera determinada, se debe considerar si los sujetos de derecho participan en la creación de las normas o no. Esta distinción corresponde a la teoría del derecho público y permite la clasificación de las formas de Estado en democracia y autocracia.

Sin embargo, este se trata de un caso particular de creación del derecho. LA FORMA DEL ESTADO ES EL MODO DE CREACIÓN DEL DERECHO EN EL GRADO SUPERIOR DEL ORDEN JURÍDICO. CORRESPONDE A LA CONSTITUCIÓN EL ESTABLECIMIENTO DE REGLAS PARA LA FORMACIÓN DE LAS NORMAS GENERALES.

Sin embargo, la forma del Estado no depende sólo de la constitución, sino de todos los niveles de formación del derecho.

2. Derecho público y derecho privado

Se suele distinguir entre dos FORMAS DE DERECHO:

- PRIVADO: constituye una relación entre dos sujetos iguales. Sería una relación verdaderamente jurídica
- PÚBLICO: constituye una relación entre dos sujetos, de los cuales uno está subordinado al otro. Sería una relación de "dominio", cuyo caso típico es la relación entre el Estado y sus súbditos

El valor superior que se atribuye a ciertos sujetos en el derecho público consiste en una diferencia en el modo de creación del derecho. EL ESTADO TIENE EL PODER DE OBLIGAR A LOS SÚBDITOS a cumplir las normas de manera unilateral.

POR EL CONTRARIO, EN EL CAMPO DEL DERECHO PRIVADO, UN CONTRATO FIRMADO OBLIGA A AMBAS PARTES POR IGUAL. Los contratantes han participado en la formación de las normas a las que se encuentran sometidos. No sucede lo mismo con los súbditos de un Estado. En el derecho privado encontramos una PRODUCCIÓN DEMOCRÁTICA del derecho. En el derecho público nos encontramos con una PRODUCCIÓN AUTOCRÁTICA.

3. Función ideológica del dualismo del derecho público y el derecho privado

PARA LA TEORÍA PURA DEL DERECHO, TANTO UN ACTO DEL ESTADO COMO UN CONTRATO SON ACTOS CREADORES DE DERECHO. DE ESTA MANERA DESAPARECE LA OPOSICIÓN ENTRE DERECHO PÚBLICO Y DERECHO PRIVADO.

Esta oposición se basa en una ideología. Se considera que en el derecho público prevalecen el interés del Estado y el bien público. En cambio, el derecho privado es el verdadero dominio del derecho. Este dualismo entre derecho público y privado no tiene fundamento en el derecho positivo. A lo sumo se podría hablar de dos técnicas diferentes de derecho.

La función ideológica de este dualismo consiste en asegurar al gobierno y los órganos administrativos una libertad de acción respecto de la ley elaborada por el Parlamento. La tradicional oposición entre gobierno y Parlamento justifica que tanto los partidarios de la monarquía constitucional como de las repúblicas democráticas sostengan la distinción entre derecho público y derecho privado.

Por otra parte, esta distinción pretende circunscribir la política al derecho constitucional y al derecho administrativo. Sin embargo, NO SE TIENE EN CUENTA QUE EL DERECHO PRIVADO TAMBIÉN PERTENECE AL DOMINIO DE LA POLÍTICA, ya que no es otra cosa que la forma jurídica que adquiere la producción y reparto de riqueza en una economía capitalista. En una economía socialista, la estructura del derecho privado sería diferente.

CAPÍTULO 12   EL DERECHO Y EL ESTADO

1. El dualismo tradicional de derecho y Estado

PARA LA DOCTRINA TRADICIONAL, EL ESTADO CONSTITUYE UNA ENTIDAD DISTINTA DEL DERECHO. EL ESTADO TIENE COMO FUNCIÓN CREAR EL DERECHO Y LUEGO DEBE SOMETERSE A ÉL. El Estado sería a la vez la condición del derecho y un sujeto condicionado por el derecho.

Esta teoría cumple una función ideológica. Para que el Estado pueda ser legitimado por el derecho, debe ser presentado como una entidad distinta de éste, sin relación con el poder.

EL DERECHO ES PRESENTADO COMO UN ORDEN JUSTO Y EQUITATIVO. De esta manera, el Estado ya no es más una simple manifestación de fuerza para convertirse en Estado de derecho. Esta legitimación cobra importancia al perder eficacia la legitimación de tipo religioso o metafísico.

2. Identidad del derecho y del Estado

a) El Estado es un orden jurídico

La teoría del Estado debe ser depurada de todo elemento ideológico o religioso. De esta manera, aparece como es un ORDEN QUE REGULA LA CONDUCTA DE LOS HOMBRES MEDIANTE LA COACCIÓN, y debe ser idéntico al orden jurídico. Sin embargo, NO TODO ORDEN JURÍDICO ES UN ESTADO. Sólo llega a serlo cuando se establecen ÓRGANOS ESPECIALIZADOS PARA LA CREACIÓN Y APLICACIÓN DE LAS NORMAS, es decir, cuando adquiere cierto grado de CENTRALIZACIÓN.

En las comunidades preestatales las normas son creadas por la COSTUMBRE. No hay tribunales encargados de crear las normas y asegurar su aplicación. La sanción queda en manos de los lesionados por el acto ilícito (vendetta).

La formación de órganos centrales para la creación y aplicación de las normas es producto de un largo proceso histórico de división de trabajo. Los órganos judiciales y ejecutivos son los primeros en aparecer. Luego surgen los órganos legislativos.

Mientras no exista un orden jurídico superior, el Estado representa la comunidad jurídica suprema y soberana. Su validez material y territorial es limitada, porque su territorio esta determinado y sólo regula ciertas relaciones humanas.

Al aparecer el derecho internacional, el Estado ya no puede ser soberano, ya que se encuentra subordinado al derecho internacional, que constituye una comunidad jurídica superestatal. La definición del Estado debe comenzar por la relación que lo une al derecho internacional.

b) El Estado es un punto de imputación

EL ESTADO CONSTITUYE UNA ESPECIE PARTICULAR DE ORDEN JURÍDICO. Su actividad consiste en la creación y aplicación de normas jurídicas. Esta actividad del Estado plantea el problema de la imputación. El Estado es la personificación de un orden jurídico en su calidad de sujeto de actos estatales.

EL ESTADO CONSTITUYE UNA PERSONA JURÍDICA COMO CUALQUIER OTRA. Al imputar un acto al Estado, este acto se convierte en acto estatal y su autor en un órgano del Estado.

c) El Estado considerado como un conjunto de órganos

La formación de órganos especializados para la creación y aplicación de las normas jurídicas ha producido la separación de un grupo de individuos del resto de los miembros del Estado. La actividad de los órganos especializados se ha convertido en una actividad profesional y remunerada. Los individuos que realizan esta tarea pasan a ser FUNCIONARIOS DEL ESTADO.

La evolución histórica supone la formación de un tesoro estatal que permita retribuir a los funcionarios del Estado y cubrir los gastos de su actividad. La administración directa también constituye una actividad que ejerce el Estado a través de sus funcionarios.

La aparición de órganos estatales formados por funcionarios determina el pasaje del Estado judicial al Estado administrativo. Sin embargo, éste último sigue siendo un orden coercitivo. El método jurídico es el mismo en ambos casos.

Cuando se constituyen órganos especializados en la creación y aplicación del derecho, se puede oponer la noción de sujeto de derecho a la de órgano estatal. Pero esto sólo en sentido restringido, ya que en el lenguaje común no se considera a los que firman un contrato como órganos creadores de normas. A la noción restringida de órgano estatal corresponde una noción restringida del Estado como un conjunto de órganos compuestos de funcionarios. La noción de persona debe ser reemplazada por la de función: el Estado es un sistema de funciones jurídicas determinadas claramente.

EN SENTIDO RESTRINGIDO, EL ESTADO ES UN ORDEN JURÍDICO PARCIAL, EXTRAÍDO DEL ORDEN JURÍDICO NACIONAL.

d) La teoría del Estado es una parte de la teoría del derecho

La teoría del Estado se relaciona con la teoría del derecho. La teoría de los "elementos" del Estado (poder público, territorio, población) es sólo un modo de encarar la validez del orden jurídico. La teoría de los tres poderes se refiere a las diferentes etapas en el proceso de la creación de las normas jurídicas.

e) Poder del Estado y efectividad del orden jurídico

EL PODER DEL ESTADO ES LA EFECTIVIDAD DE UN ORDEN JURÍDICO. Un orden es eficaz si los sujetos de derecho son influidos por las normas a las que están sometidos. Las manifestaciones exteriores del poder estatal (cárceles, soldados, etc.) no son en sí mismos más que cosas. Sólo cuando se ponen en juego dentro de un orden jurídico determinado se convierten en instrumentos de poder del Estado.

De las consideraciones anteriores surge que ESTADO Y DERECHO CONSTITUYEN UN MISMO SISTEMA DE COACCIÓN. El Estado no puede ser legitimado por el derecho, a menos que se admita la existencia de dos tipos de derecho: uno positivo y otro justo. Esto no significa un juicio sobre el valor político del Estado.

PARA LA TEORÍA DEL DERECHO NATURAL, UN ESTADO ESTÁ FUNDADO SOBRE EL DERECHO SÓLO SI GARANTIZA LOS DERECHOS INDIVIDUALES. PARA LA TEORÍA POSITIVISTA, EL ESTADO ES UN ORDEN COACTIVO APLICADO A LA CONDUCTA DE LOS HOMBRES,

f) Imposibilidad de legitimar el Estado por el derecho

Al suprimir el dualismo entre Estado y derecho, LA TEORÍA PURA ELIMINA LA IDEOLOGÍA DESTINADA A LEGITIMAR EL ESTADO. La ciencia no busca justificar. Una justificación es un juicio de valor subjetivo, que no tiene cabida en el terreno científico.

CAPÍTULO 13 EL DERECHO INTERNACIONAL

1. La estructura jerárquica y la norma fundamental del derecho internacional

EL DERECHO INTERNACIONAL ESTÁ FORMADO POR NORMAS ESTABLECIDAS POR LA COSTUMBRE PARA REGULAR LAS RELACIONES ENTRE LOS ESTADOS.

Estas NORMAS constituyen el derecho internacional general, porque crean obligaciones, responsabilidades y derechos subjetivos para todos los Estados.

Una de las más importantes es LA QUE ESTABLECE QUE LOS PACTOS DEBEN SER RESPETADOS (pacta servanda sunt), que autoriza a los Estados a celebrar tratados.

LOS TRATADOS CONSTITUYEN EL DERECHO INTERNACIONAL PARTICULAR, porque sólo obligan a los Estados firmantes. El derecho internacional particular (o convencional) se basa en el derecho internacional general.

Un tercer nivel en el derecho internacional es el de las NORMAS CREADAS POR LOS ORGANISMOS INTERNACIONALES, cuyas funciones están establecidas por los tratados.

LA NORMA FUNDAMENTAL DEL DERECHO INTERNACIONAL ESTABLECE QUE LA COSTUMBRE ES EL HECHO CREADOR DE NORMAS JURÍDICAS.

Aunque la formación del derecho internacional general sea posterior a los órdenes jurídicos nacionales no impide que se lo considere el fundamento de este último, así como la familia es anterior a la constitución del Estado, pero tiene su fundamento en el orden jurídico estatal. No se debe confundir el punto de vista histórico con el normativo.

2. Carácter primitivo del derecho internacional

No hay diferencia de naturaleza entre el derecho internacional y el orden jurídico nacional. También el derecho internacional permite un acto coactivo para sancionar una conducta determinada. Estos actos coactivos son la guerra y las represalias.

Sin embargo, el derecho internacional se encuentra en un estadio primitivo, porque carece de órganos especializados para la creación y aplicación de normas. La descentralización es completa. No hay autoridad independiente de las partes para resolver un litigio. Si un Estado ha sido lesionado, está autorizado para recurrir a la guerra o las represalias contra el Estado que considera responsable.

Esta técnica jurídica es la misma que aplicaban las comunidades primitivas. La sanción no se dirigía contra un individuo, sino contra la comunidad. Las represalias y la guerra no afectan a los órganos estatales que han violado el derecho internacional, sino al conjunto de habitantes.

3. Aplicación mediata del derecho internacional a los individuos

EL DERECHO INTERNACIONAL SE APLICA A LOS ESTADOS. Esto no significa que las normas del derecho internacional no se apliquen a los individuos. Sin embargo, esto ocurre de manera mediata, por intermedio de un orden jurídico nacional.

La situación de los Estados en el derecho internacional es similar a la de las personas jurídicas en el orden jurídico nacional. Las normas del derecho internacional son incompletas, porque determinan sólo el aspecto material de la conducta, sin establecer el elemento personal. Sin embargo, existen excepciones: ciertas normas, tanto del derecho internacional general como el convencional, que determinan directamente la conducta de los individuos, que se convierten de esta manera en sujetos del derecho internacional.

El derecho internacional penetrará cada vez más en los órdenes jurídicos nacionales y regulará cada vez más la conducta de los individuos. También se irán formando órganos centrales encargados de la creación y aplicación de las normas jurídicas, pasándose a una etapa de centralización.

4. Noción de un orden jurídico universal

a) Toda ciencia postula la unidad de su objeto

Si la evolución del derecho internacional sigue el sentido esbozado en el párrafo anterior, se irá borrando la línea divisoria entre el derecho internacional y los órdenes jurídicos nacionales. Se constituirá un Estado mundial.

Sin embargo, la teoría tradicional no admite esta posibilidad. Esta doctrina dualista considera el derecho internacional y el derecho nacional como dos sistemas diferentes, por lo que las normas de ambas no pueden valer simultáneamente.

La ciencia del derecho debe presentar su objeto como una unidad. Si se presenta una contradicción, debe resolverla mostrando que es tan sólo aparente.

b) Relaciones posibles entre dos sistemas de normas

Para reunir dos sistemas de normas en una unidad coherente existen dos posibilidades:

- ✓ Que uno esté subordinado al otro: las normas del sistema subordinado se fundamentan en el otro sistema.
- ✓ Que ambos se encuentren en una relación de coordinación: supone la existencia de un tercer sistema de normas superior a los primeros, que delimite sus ámbitos de validez.

El ámbito de validez de una norma está determinado por una norma superior. La norma inferior puede ser creada de dos maneras:

- ✓ Directa: la norma superior establece el procedimiento a seguir para crear la norma inferior
- ✓ Indirecta: la norma superior sólo autoriza a un órgano para que cree las normas inferiores

c) Monismo o dualismo

LA CONCEPCIÓN DUALISTA CONSIDERA QUE EL DERECHO INTERNACIONAL Y EL DERECHO NACIONAL SON INDEPENDIENTES, porque sería imposible que ambos fueran válidos simultáneamente. Por este motivo, los partidarios de esta concepción deberían limitarse a estudiar un único derecho nacional, considerándolo como el único sistema de normas válidas.

Esta concepción dualista sería la de aquellos pueblos primitivos, incapaces de concebir un orden jurídico fuera de la propia comunidad. Por lo tanto, consideran "bárbaros" a los demás pueblos. DESDE ESTA PERSPECTIVA, NO EXISTIRÍA UN DERECHO INTERNACIONAL VERDADERO.

d) Primacía de un orden jurídico nacional

La concepción dualista no puede negar la existencia del derecho internacional, por lo que debe reorientar su postura hacia el monismo. El Estado estaría obligado por el derecho internacional sólo si lo ha reconocido. De la misma manera, los otros Estados sólo existen jurídicamente si los ha reconocido como tales. El Estado sería la autoridad jurídica suprema y su voluntad constituiría el fundamento de la validez del derecho internacional.

El derecho internacional no sería un orden jurídico superior al derecho nacional ni independiente, sino una parte del derecho nacional. Los otros Estados serían órganos delegados por el Estado para crear el derecho en sus territorios respectivos.

Esta teoría se denomina TEORÍA DEL RECONOCIMIENTO. Se trataría de un sistema jurídico universal en el que el derecho de un determinado Estado nacional constituye el orden jurídico fundamental.

La teoría del reconocimiento tiene una CLARA INTENCIONALIDAD POLÍTICA: BUSCA QUE EL ESTADO SIGA MANTENIENDO LA SOBERANÍA. Pero la soberanía de un Estado es incompatible con la soberanía de otro.

El dogma de la soberanía del Estado se relaciona con la CONCEPCIÓN SOLIPSISTA, que coloca al sujeto individual en el centro del mundo, incapaz de reconocer a otros sujetos distintos a él mismo.

La concepción monista es inconciliable con la existencia de numerosos Estados soberanos, porque supone que sólo un Estado es soberano. Tampoco habría verdadero derecho internacional.

e) Primacía del derecho internacional

Una escuela de derecho vigente en el siglo XVIII enseñaba que el individuo está sometido al derecho nacional sólo si lo ha reconocido. Todavía hoy, ciertos juristas sostienen que un Estado sólo está obligado a cumplir las normas del derecho internacional si las ha reconocido como válidas. Sin embargo, ninguna norma de derecho internacional positivo hace depender su validez de su reconocimiento por parte de los Estados. Aparece así como un orden jurídico al que los derechos nacionales están subordinados.

Podemos distinguir, entonces, DOS CONSTRUCCIONES DIFERENTES EN EL MUNDO DEL DERECHO:

- ✓ Una basada en la primacía del derecho internacional
- ✓ Otra basada en la primacía del orden jurídico nacional

El jurista puede adoptar cualquiera de las dos construcciones, ya que no hay método jurídico para determinar la preferencia por una de ellas

f) ¿Puede haber contradicciones lógicas entre el derecho internacional y el derecho nacional?

Las contradicciones entre el derecho internacional y el derecho nacional no son lógicas, sino casos especiales de oposición entre una norma superior y una inferior. Situaciones parecidas se presentan en el derecho nacional, sin que ello afecte su unidad. Cuando una norma inferior contradice una norma superior, la norma inferior puede ser anulada o el órgano responsable puede ser penado.

Una norma del derecho nacional puede contradecir una norma del derecho internacional. Pero en este caso, el derecho internacional no prevé ningún procedimiento para que sea anulada.

Dentro del ámbito del derecho nacional, tanto las normas conformes al derecho internacional como las que lo contradicen son válidas. Por lo tanto, se puede admitir que EL DERECHO INTERNACIONAL Y EL DERECHO NACIONAL FORMAN UN SISTEMA ÚNICO.

g) El derecho internacional delimita los dominios de validez del derecho nacional

La unidad del sistema jurídico no sólo resulta de la ausencia de contradicciones lógicas. Aún los partidarios de la teoría dualista admiten que los derechos de los distintos Estados se encuentran en coordinación y sus ámbitos de validez está delimitados a sus respectivos territorios. Esto supone que existe un orden jurídico superior que procede a esta coordinación.

Para el derecho internacional general todo gobierno es legítimo si es capaz de hacer respetar las normas que dicta y es independiente, aunque haya surgido de un golpe de estado. EL PRINCIPIO DE EFECTIVIDAD ES UNA DE LAS REGLAS FUNDAMENTALES DEL DERECHO INTERNACIONAL.

En base al principio de la efectividad, el derecho internacional delimita los ÁMBITOS DE VALIDEZ DE LOS ÓRDENES JURÍDICOS NACIONALES, desde tres perspectivas:

- ✓ TERRITORIAL: el territorio de un Estado se extiende hasta donde su derecho es aplicado. Fuera de ese territorio, su aplicación constituye una violación del derecho internacional
- ✓ PERSONAL: los individuos que se encuentran en el territorio de un Estado se encuentran sometidos a sus normas jurídicas
- ✓ TEMPORAL: la efectividad permite establecer cuando la validez de un orden jurídico termina

Se puede distinguir:

- ✓ El DERECHO NACIONAL EN SENTIDO ESTRICTO: el que no tiene en cuenta el derecho internacional
- ✓ El DERECHO NACIONAL QUE COMPRENDE LAS NORMAS DEL DERECHO INTERNACIONAL

h) El Estado considerado como un órgano del derecho internacional

EL ESTADO PUEDE SER DEFINIDO COMO UN ORDEN JURÍDICO PARCIAL REFERIDO DIRECTAMENTE AL DERECHO INTERNACIONAL. Es una persona jurídica y cumple la función de órgano de la comunidad formada por el derecho internacional.

EL DERECHO INTERNACIONAL GENERAL DETERMINA CÓMO SE CREAN LAS NORMAS. Por ejemplo, cuando dos Estados celebran un tratado, sus representantes son órganos del derecho internacional.

Cuando se dice que el Estado es un órgano del derecho internacional se quiere resaltar la unidad del sistema jurídico universal. Sin embargo, esta unidad tiene sólo carácter teórico, ya que no existe un orden jurídico mundial centralizado.

Si se funda el sistema jurídico universal sobre la primacía de un derecho nacional, se tienen TRES TIPOS DE NORMA:

- ✓ Las creadas por el propio Estado
- ✓ Las del derecho internacional
- ✓ Las de los otros derechos nacionales

Desde esta perspectiva, se podría considerar como soberano a un solo Estado. Por lo tanto, la soberanía no puede ser un elemento fundamental del concepto de Estado.

Si, por el contrario, se atribuye la primacía al derecho internacional, no se puede hablar de Estados soberanos, porque todos se subordinan al derecho internacional.

LA TEORÍA PURA DEL DERECHO ELIMINA EL DOGMA DE LA SOBERANÍA, QUITÁNDOLE ASÍ AL ESTADO EL CARÁCTER DE ABSOLUTO.

l) La teoría del derecho y el desarrollo del derecho internacional

Uno de los resultados fundamentales de la TEORÍA PURA es la eliminación del dogma de la soberanía. Aunque no tenga intenciones políticas, este resultado puede tener repercusiones políticas al PERMITIR EL DESARROLLO DE UNA POLÍTICA JURÍDICA LIBRE DE NOCIONES ERRÓNEAS. Además, CREA LA CONDICIÓN FUNDAMENTAL PARA LA UNIDAD POLÍTICA MUNDIAL CON UNA ORGANIZACIÓN JURÍDICA CENTRALIZADA.

www.ingramcontent.com/pod-product-compliance
Lightning Source LLC
Chambersburg PA
CBHW030515220526
45464CB00006B/2809